Sobreviviendo la Navidad

Nico PINTO

Published by Nico PINTO, 2024.

SOBREVIVIENDO LA NAVIDAD

First edition. September 1, 2024.

ISBN: 979-8227644534

Written by Nico PINTO.

Tabla de Contenido

Me gustaría expresar mi gratitud y mi amor a mi amada familia. Su apoyo y aliento han sido la fuerza motriz detrás de este proyecto y no podría haberlo logrado sin ustedes. Espero que este libro sea una forma de mostrar mi agradecimiento por todo lo que han hecho por mí y de transmitir mi amor y cariño a cada uno. Esta obra está dedicada a mi familia, siempre en mi corazón y mis pensamientos.

Sobreviviendo la Navidad

Autor: Nico Pinto

No Te Vuelvas Loco ☺

Ya sea que estés pasando en las vacaciones con tus padres, tus suegros o tu loca tía Mari, nuestra guía tiene consejos para superar cualquier reunión familiar. Con todo, desde ideas de regalos frugales hasta recetas sencillas para su comida navideña, cubrimos todas sus necesidades navideñas. Y si pasa las vacaciones con niños, también lo tenemos cubierto. Nuestra guía incluye ideas para entretener a los niños, tanto en el interior como en el exterior, para que pueda mantenerlos ocupados y felices durante la temporada navideña.

Nota importante sobre el lenguaje utilizado en este libro

Quiero disculparme por el uso de un lenguaje que no es inclusivo en mi libro, me doy cuenta de que he escrito todo en masculino y no he utilizado un lenguaje que sea inclusivo para personas de diferentes géneros.

Mi intención es escribir para todas las personas, sin importar su género o identidad. Agradezco a todas las personas que se hayan tomado el tiempo de leer mi trabajo y me disculpo profundamente si alguien se ha sentido excluido o ignorado por mi uso de un lenguaje no inclusivo. En el futuro, me esforzaré por utilizar un lenguaje inclusivo y respetuoso para que todas las personas se sientan bienvenidas en mi trabajo. Nuevamente, ofrezco mis más sinceras disculpas.

Nico Pinto

Introducción

¡Bienvenido a nuestra guía de supervivencia para las vacaciones de Navidad! La temporada navideña es una época para pasar con amigos y familiares, Aseamos realistas: también puede ser una época de estrés, caos y demasiado ponche de huevo. Pero no te preocupes, lo tenemos cubierto. Nuestra guía está aquí para ofrecerle consejos y trucos útiles para sobrevivir las fiestas con su cordura (y sus amistades) intactas.

Así que siéntate, toma una taza de chocolate y deja que nuestra guía de supervivencia navideña te ayude a pasar la temporada con gran éxito. ¡Felices vacaciones! ◇◇

Manejar el estrés navideño

Delegue como un jefe: Es fácil sentirse abrumado con toda la planificación y los preparativos para las fiestas, ¡así que no tema pedir ayuda! Asigne tareas a miembros específicos de la familia y confíe en que las cumplirán. Si tienes mucha suerte, es posible que incluso hagan un mejor trabajo que tú.

Tómate un respiro: Seamos realistas, la temporada navideña puede volver loco incluso a la persona más tranquila. Si se siente estresado, tómese un momento para respirar profundamente y recuerde que es sólo un día del año. Luego, busque un rincón tranquilo al que retirarse y tomar una siesta reparadora. Tu familia puede sobrevivir sin ti durante unos minutos, te lo prometemos.

Ríete: cuando todo lo demás falla, la risa es realmente la mejor medicina. Ya sea que se esté riendo de los percances de sus propias vacaciones o compartiendo una historia divertida con un miembro de la familia, tómese el tiempo para dejar de lado el estrés y disfrutar el momento. Además, la risa mejora tu estado de ánimo y tu sistema inmunológico, por lo que te sentirás mejor en poco tiempo.

<u>Niños</u>: A todos nos encanta pasar tiempo con los niños durante las vacaciones, ¿verdad? El ruido constante, la energía interminable, las huellas pegajosas en todo. Pero con un poco de planificación, puedes mantener a los niños entretenidos mientras mantienes tu propia cordura. Solo asegúrate de incluir algunas actividades tranquilas (como leer o colorear) entre las ruidosas y las caóticas (como jugar a la mancha o al escondite). Y si todo lo demás falla, simplemente dales a los niños algunos dulces y se quedarán callados durante al menos 10 minutos.

<u>Suegros</u>: Ah, los suegros. Los que siempre preguntan cuándo vas a conseguir un trabajo "de verdad" o cuándo vas a empezar a tener hijos. Cuando se trata de controlar el estrés, los suegros pueden ser la prueba definitiva. Solo recuerda sonreír y asentir cuando tu suegra te diga cómo rellenar correctamente el pavo. Después de todo, ella tiene mucha más experiencia en esto que tú.

<u>Recuerde</u>, la temporada navideña se trata de pasar tiempo con sus seres queridos y crear recuerdos que durarán toda la vida. No dejes que el estrés se interponga en tu camino. Si sigue estos sencillos consejos, podrá gestionar el estrés navideño con facilidad. ¡Que tengas una felice fiesta y sin estrés! ◈

Miembros de la familia que podría encontrar

El perfeccionista: Todos tenemos ese familiar que cree que todo debe ser perfecto, especialmente cuando se trata de adornos navideños. Si estás tratando con un perfeccionista, recuerda aceptar sus sugerencias e intentar que las cosas luzcan exactamente como las imaginabas. Y si empiezan a ser demasiado insistentes, dígales que este año optará por un estilo rústico y orgánico que no implique manteles individuales con copos de nieve a juego.

El minimalista: en el otro extremo del espectro, tenemos al miembro de la familia minimalista que cree que menos siempre, es más. Si se trata de un minimalista, la simplicidad es la clave. Opte por decoraciones naturales, como piñas y ramas, y evite cualquier cosa demasiado llamativa o abrumadora.

El aficionado al bricolaje: En la familia siempre está el aficionado al bricolaje al que le encanta hacer sus propias decoraciones navideñas. Si se trata de uno de estos miembros de la familia, prepárese para una experiencia práctica de decoración. Ofrécete a colaborar y ayudar con su último proyecto de manualidades, o bríndales el espacio que necesitan para dejar fluir su creatividad.

<u>El comodín</u>: finalmente, siempre está ese miembro de la familia que decide agregar algo completamente inesperado a la mezcla. Ya sea un Papá Noel inflable gigante en el jardín delantero o un árbol de Navidad de color púrpura brillante, la mejor manera de manejar el comodín es aceptar su locura. Después de todo, ¿qué es un poco de locura navideña en familia?

<u>Recuerde,</u> la decoración para las fiestas debe ser una experiencia divertida y placentera. Con un poco de humor y un poco de pensamiento creativo, puedes convertir en realidad incluso la visión decorativa del miembro más loco de la familia.

Manejo de los niños al decorar para las fiestas

Dales su propio árbol: A los niños les encanta tener sus propias cosas especiales, así que ¿por qué no darles su propio árbol para decorar? Puedes montar un pequeño árbol en su cuarto de juegos o en su dormitorio y dejar que se vuelvan locos con la decoración. Solo asegúrate de traer muchas bolsas de aspiradora y un rollo de cinta adhesiva para limpiar la brillantina y el oropel.

Deles tareas específicas: a los niños les encanta sentirse útiles, así que ¿por qué no darles tareas específicas para que las completen al decorar? Puedes encargarlos de colgar los adornos en la mitad inferior del árbol o de montar el belén. Solo asegúrate de darles instrucciones paso a paso para evitar contratiempos (como un muñeco de nieve al revés).

Conviértalo en un juego: a veces, decorar puede resultar tedioso para los niños, así que ¿por qué no convertirlo en un juego? Configure un cronómetro y vea cuántos adornos pueden colgar los niños en 60 segundos o desafíelos a una búsqueda del tesoro navideña para buscar artículos navideños ocultos. El ganador recibe un bastón de caramelo o una galleta de jengibre extra.

<u>Déjeles tomar la iniciativa</u>: los niños tienen algunas de las ideas más creativas e imaginativas, así que ¿por qué no dejarles tomar la iniciativa en la decoración? Es posible que se sorprenda de lo que se les ocurre. Solo asegúrate de supervisarlos para que no empiecen a colgarle adornos al gato ni a envolver al perro en oropel.

<u>Recuerde</u>, decorar es una actividad familiar divertida y una excelente manera de vincularse con sus hijos. Con un poco de humor y algo de pensamiento creativo, puedes convertir la decoración en una experiencia memorable que tus hijos recordarán durante muchos años (¡y tú también la recordarás con una sonrisa!).

Consejos divertidos

Sabrosos aperitivos navideños: ¿Busca el aperitivo navideño perfecto para impresionar a sus suegros? No busque más, tienes dispuesto en tu teléfono o la computadora la colección de recetas de la Inteligencia Artificial - IA, solo dile lo que tienes en la refrigeradora y estas listo, la Inteligencia Artificial te dirá hasta lo que necesitas comprar y lo que debes hacer a cada paso, es que incluye de todo, desde una sencilla salsa de espinacas hasta elegantes pasteles de cangrejo. No se sorprenda si su suegra todavía insiste en traer su propio plato estrella "por si acaso"...

Perfección sin esfuerzos: Si no quieres que tu familia o amigos sepan que no eres un experto en la cocina. ¡No te preocupes!, no necesitas ser un chef de cinco estrellas para impresionarlos. Aquí va un consejo de una maestra en la cocina: ordena de tu restaurante preferido y ponlo en un plato bonito en casa, y ¡voilà! Todos pensarán que es casero y delicioso. ¡Piénsalo de esta manera! ¿Para qué sudar y estresarte en la cocina si alguien ya lo hace por ti? Además, así puedes evitar quemar la casa o que alguien se enferme por tu comida. Así que ve a relajarte, toma un poco de tu restaurante favorito, ponlo en un plato y haz que parezca hecho en casa. ¡Incluso puedes pedir algún acompañamiento en línea para que la cena sea aún más impresionante! ¡Que la disfrutes!

Fiesta de "Friendsgiving": ¿Organizarás una celebración de "Friendsgiving" en esta temporada navideña? Impresiona a tus amigos con una receta de pavo que los hará devorar por más. Solo asegúrate de consultar los consejos de expertos de tu chef privado o el chat de Inteligencia Artificial- AI sobre cómo rellenar y asar adecuadamente tu pavo (o, ya sabes, simplemente improvisarlo y esperar lo mejor).

Decoración creativa de galletas: ¿Estás cansado de las mismas viejas galletas de azúcar con chispas rojas y verdes? Consulte en el chat con varios Inteligencia Artificial - IA para obtener algunas ideas creativas para decorar galletas que impresionarán tanto a niños como a adultos. Desde caras de muñecos de nieve hasta astas de reno, tus galletas serán la comidilla de la mesa.

Cócteles navideños creativos: ¡es la temporada de cócteles festivos! Sea creativo con sus bebidas navideñas utilizando ingredientes como arándanos, canela y sidra de manzana. Y si todo lo demás falla, simplemente mezcle vodka con un poco de jugo al azar y llámelo "Ayudante de Santa" o "La venganza de Rudolph": sus invitados nunca notarán la diferencia.

Chocolate caliente con alcohol: ¡Cariño, hace frío afuera! Caliéntate con un delicioso y borracho chocolate caliente que te hará olvidar la tristeza invernal. Desde aguardiente de menta hasta Baileys Irish Cream, hay muchas formas de enriquecer el chocolate caliente y hacerlo aún más agradable.

<u>Recuerde</u>, con estos consejos divertidos, y con la ayuda de tu favorito chef y en el chat de la Inteligencia Artificial - IA, puedes convertir incluso la receta más simple en una creación gourmet, seguramente impresionará a sus invitados navideños y superará incluso las reuniones navideñas más estresantes. Entonces, ¿por qué no ser creativo y divertirte en la cocina este año? Tus papilas gustativas (y tus familiares y amigos) te lo agradecerán.

Sopas navideñas

Aquí te comparto algunas recetas de sopa que son ideales para una cena navideña:

<u>Sopa de calabaza y manzana</u>: Una opción deliciosa y reconfortante para comenzar la cena navideña. Asa calabaza y manzanas en el horno, luego cocina en una olla con cebolla, caldo de pollo y hierbas. Licúa todo y agrega crema para una textura cremosa. Sirve caliente decorada con semillas de calabaza tostadas.

<u>Sopa de cebolla francesa</u>: Un clásico francés que es perfecto para una noche de fiesta. Rebane cebollas y cocínalas en mantequilla hasta que se doren, luego agrega caldo de pollo y hierbas. Cubre con una rebanada de pan francés tostado y queso gruyere rallado, y gratina en el horno hasta que el queso esté dorado y burbujeante.

<u>Sopa de coliflor asada</u>: Una opción saludable y deliciosa. Asa la coliflor en el horno con ajo y especias hasta que esté dorada y tierna, luego licúa con caldo de pollo y agrega leche de coco para darle cremosidad. Sirve caliente espolvoreada con cebollín picado y semillas de sésamo tostadas.

<u>Sopa de lentejas y chorizo</u>: Una opción con mucho sabor y proteína. Cocina lentejas con cebolla, ajo y tomate en caldo de pollo, luego agrega rodajas de chorizo y cocina a fuego lento hasta que esté todo bien integrado. Sirve caliente con espinacas frescas por encima.

<u>Sopa de champiñones</u>: Asa champiñones y cebollas en el horno, luego cocina en una olla con caldo de pollo y hierbas. Agrega un toque de crema para obtener una textura cremosa y decora con hojas de perejil picado y pan tostado.

<u>Sopa de nueces y jengibre</u>: Un postre delicioso y diferente para sorprender a tus invitados. Licúa nueces tostadas y jengibre en leche de coco con melaza de caña y miel, luego calienta en una olla y sirve caliente decorada con nueces tostadas.

<u>Sopa de papa y tocino</u>: Un clásico reconfortante que todos aman. Cocina papa, zanahorias, cebolla y tocino en caldo de pollo, luego licúa hasta obtener una textura suave. Sirve caliente con queso rallado, cebollín y croutones.

<u>Sopa de pavo</u>: Si te quedó pavo de Thanksgiving o Navidad, utiliza las sobras para hacer una sopa reconfortante. Cocina el pavo con cebolla y zanahorias en caldo de pollo hasta que estén suaves, luego licúa hasta obtener una textura suave. Agrega una pizca de nuez moscada y sirve caliente con pan tostado.

<u>Recuerde</u>, que en el chat de la Inteligencia Artificial-IA puedes encontrar más recetas y consejos culinarios para hacer de tu cena navideña un éxito.

Ensaladas navideñas

Aquí tienes algunas ideas divertidas y deliciosas para ensaladas navideñas:

Ensalada de rúcula, pera y nueces: Combina hojas de rúcula fresca con rodajas de pera jugosa y nueces crujientes. Agrega un toque de queso azul desmenuzado y adereza con una vinagreta de miel y mostaza. ¡Una combinación perfecta de sabores y texturas!

Ensalada de espinacas, fresas y queso feta: Mezcla espinacas tiernas con fresas dulces y queso feta desmenuzado. Puedes agregar también nueces caramelizadas para darle un toque crujiente. Aliña con una vinagreta de vinagre balsámico y aceite de oliva. ¡Una ensalada fresca y colorida para alegrar tu mesa navideña!

Ensalada de remolacha, queso de cabra y nueces: Ralla remolacha cruda y mézclala con rúcula. Añade trozos de queso de cabra y nueces picadas. Aliña con una vinagreta de vinagre de manzana y aceite de nuez. ¡Una ensalada vibrante y llena de sabor!

<u>Ensalada de col rizada, granada y queso parmesano</u>: Masajea hojas de col rizada con un poco de aceite de oliva y limón para ablandarlas. Combínalas con granos de granada y lascas de queso parmesano. Aliña con una vinagreta de limón y miel. ¡Una ensalada fresca y festiva!

<u>Ensalada de aguacate, mango y camarones</u>: Mezcla trozos de aguacate maduro con mango dulce y camarones cocidos. Añade también hojas de lechuga y cilantro picado. Adereza con una vinagreta de lima y cilantro. ¡Una ensalada tropical y llena de sabor para celebrar la Navidad de forma refrescante!

<u>Ensalada Waldorf:</u> Una mezcla deliciosa de sabores y texturas. Los trozos de manzana, apio, nueces y uvas pasas se combinan con la lechuga fresca. La vinagreta de yogur y mostaza Dijon le añade un toque cremoso y sabroso.

<u>Ensalada de endivias con queso azul y pera</u>: Esta ensalada ofrece una combinación de sabores sofisticados. Las hojas de endivias frescas se mezclan con rodajas de pera y trozos de queso azul. La vinagreta de miel y balsámico aporta un toque dulce y ácido.

<u>Ensalada de brotes tiernos con fresas y arándanos</u>: Una ensalada fresca y colorida. Las hojas de lechuga, rúcula y espinacas baby se combinan con fresas dulces y arándanos frescos. La vinagreta de aceite de oliva y vinagre balsámico realza los sabores naturales.

<u>Ensalada griega</u>: Una ensalada clásica llena de ingredientes mediterráneos. Las hojas de lechuga y tomate cherry se mezclan con pepino, aceitunas negras, cebolla roja y trozos de queso feta. La vinagreta de aceite de oliva y limón le da un toque refrescante.

<u>Ensalada de remolacha y naranja</u>: Una ensalada vibrante y nutritiva. La remolacha rallada se mezcla con trozos de naranja jugosa. Las hojas de espinacas tiernas añaden frescura. La vinagreta de aceite de oliva y vinagre balsámico realza los sabores.

<u>Recuerde,</u> Las ensaladas que mencionas son excelentes opciones para la cena de Navidad. Cada una de ellas ofrece una combinación de sabores frescos y deliciosos que complementarán perfectamente tus platos principales. Puedes elegir una o varias ensaladas según tus preferencias y las de tus invitados. ¡Disfruta de una cena navideña saludable y llena de sabor! ◇◇

Acompañamientos

Aquí te dejo algunas opciones de acompañamiento que pueden complementar tus platos navideños:

<u>Puré de patata</u>: Un clásico de la Navidad. Pela y hierve las patatas, luego haz un puré con mantequilla y leche. Condimenta con sal y pimienta al gusto.

<u>Puré de boniatos</u>: Otra opción saludable y deliciosa. Hierve los boniatos, haz un puré con mantequilla, nuez moscada y canela. Agrégale un poco de miel si prefieres un sabor más dulce.

<u>Arroz salvaje con nueces y pasas</u>: Hierve arroz salvaje y mezcla con nueces picadas, pasas y cebolla. Condimenta con aceite de oliva y sal al gusto.

<u>Zanahorias glaseadas</u>: Cocina zanahorias en una sartén con mantequilla y un poco de azúcar hasta que estén doradas y tiernas. Puedes agregar especias como canela o jengibre para darle un toque festivo.

<u>Papas asadas con romero</u>: Corta papas en rodajas y colócalas en una bandeja para hornear. Rocíalas con aceite de oliva y espolvorea romero fresco y sal encima. Hornéalas a 200 grados Celsius durante 30 minutos hasta que estén doradas y crujientes.

<u>Brócoli asado con ajo y parmesano</u>: Corta el brócoli en floretes, rocíalos con aceite de oliva, ajo picado y espolvorea queso parmesano rallado. Asa en el horno a 200 grados Celsius hasta que estén tiernos y dorados.

<u>Puré de calabaza</u>: Hierve y machaca la calabaza en un puré suave. Añade mantequilla, una pizca de nuez moscada y canela al gusto.

<u>Espárragos a la parrilla</u>: Marinar los espárragos con aceite de oliva y ajo picado. Ase a la parrilla hasta que estén tiernos y ligeramente dorados.

<u>El pan de ajo</u>: es un delicioso pan horneado con ajo, mantequilla y hierbas aromáticas. Es perfecto para complementar tus ensaladas y platos principales.

<u>Recuerde,</u> ¡Estas son solo algunas ideas más para deleitar a tus invitados en la cena navideña! ¡Que disfrutes preparando estas delicias! ◇◇☺

Platos principales

Aquí tienes una lista de ideas divertidas para los platos principales para tu cena navideña:

Hamburguesas de pavo con forma de reno: Moldea las hamburguesas de pavo en forma de reno usando una plantilla y agrega detalles divertidos como aceitunas para los ojos y una zanahoria para la nariz.

Trenecito de hot dogs: Coloca varios hot dogs en forma de trenecito sobre panecillos. Usa pimientos y vegetales para crear ventanitas y ruedas divertidas.

Pavo relleno en forma de árbol de Navidad: Prepara un delicioso pavo relleno, pero en lugar de presentarlo tradicionalmente, dale forma de árbol de Navidad. Decóralo con zanahorias, papas y ramitas de romero para simular las ramas del árbol.

Ñoquis con forma de muñeco de nieve: Moldea los ñoquis en forma de muñecos de nieve utilizando dos tamaños diferentes para el cuerpo y la cabeza. Agrega detalles con aceitunas negras para los ojos y zanahoria rallada para la nariz.

Pastel de carne en forma de renos saltarines: Prepara un pastel de carne y dales forma de renos saltarines utilizando pretzels como cuernos y aceitunas negras para los ojos. Agrega palillos de madera para simular las patas y diviértete presentándolo en una bandeja.

Pierna de cordero asada: Una opción clásica y sabrosa. Marinar la pierna de cordero con hierbas frescas, ajo y aceite de oliva, luego asar lentamente en el horno hasta que esté jugosa y tierna. Acompañar con una salsa de menta o romero.

Filete Wellington: Un plato elegante y delicioso. Envuelve un filete de res en una capa de paté y champiñones salteados, luego envuélvelo en hojaldre y hornea hasta obtener una corteza dorada y crujiente. Sirve con una salsa de vino tinto.

Salmón glaseado con salsa de arce: Marinar el salmón en una mezcla de sirope de arce, salsa de soja y jengibre rallado. Asar en el horno hasta que esté tierno y glaseado. Servir con una salsa cremosa de arce y limón.

Pavo relleno: Un clásico de la Navidad. Rellena el pavo con una mezcla de pan rallado, hierbas, mantequilla y frutas secas. Hornea hasta que la piel esté crujiente y dorada. Acompañar con salsa de arándanos.

Lasaña de vegetales asados: Una opción vegetariana sabrosa. Corta en rebanadas berenjenas, calabacines y pimientos asados, y úsalos para armar capas dentro de una lasaña de pasta. Agrega queso y una salsa de tomate casera. Hornea hasta que esté burbujeante y dorado.

<u>Recuerde,</u> estas ideas de platos navideños pueden inspirar tus creaciones en la cocina y sorprender a tus invitados, pero no olvides los platos tradicionales que todos esperan con ansias. ¿Qué tal si le preguntas a tu familia por sus platos favoritos y los preparas juntos para crear una experiencia aún más especial? ¡Diviértete cocinando y sorprendiendo a tus seres queridos en esta Navidad! ◇◇☺

Dulces

Aquí te presento algunas deliciosas opciones de postres que puedes incluir en tu fiesta de Navidad:

<u>Tarta de manzana</u>: Esta clásica tarta de manzana es como abrazar a Santa Claus en cada bocado. La combinación de manzanas dulces y canela es irresistible. ¡Acompáñala con una generosa bola de helado de vainilla y tendrás el dulce perfecto para la Nochebuena!

<u>Brownies festivos</u>: Estos brownies son la forma más deliciosa de mantener el espíritu navideño en cada mordisco. ¡Añade chispas de chocolate blanco y rojo para darle un toque de alegría festiva! Y no olvides decorarlos con nueces troceadas para agregar un poco de crujiente.

<u>Galletas de jengibre</u>: ¿Qué sería de la Navidad sin las galletas de jengibre? Son como pequeñas obras de arte comestibles. Puedes dejar volar tu imaginación y decorarlas con glaseado y chispas de colores. ¡Tu fiesta se llenará de risas y diversión mientras todos disfrutan de estas delicias navideñas!

<u>Tarta de queso de calabaza</u>: La tarta de queso de calabaza es un clásico absoluto de la Navidad. No puede faltar en tu mesa. Además de ser deliciosa, puedes darle un toque especial agregando crema batida y espolvoreando especias como canela y nuez moscada. ¡Es la combinación perfecta entre lo cremoso y lo especiado!

<u>Helado de mantequilla de cacahuete y chocolate</u>: ¡El helado de mantequilla de cacahuete y chocolate es una explosión de sabor! Será el postre que hará que todos se enamoren de la Navidad. Sírvelo con una generosa cantidad de salsa de caramelo y trocitos de chocolate para darle un toque aún más decadente.

<u>Trufas de chocolate blanco y cranberry</u>: Estas trufas son una combinación perfecta de sabores dulces y ácidos. Mezcla chocolate blanco derretido con arándanos secos picados y forma bolitas. Luego, simplemente déjalas enfriar y ¡voilà! Tienes unas trufas deliciosas y festivas.

<u>Tartaletas de frutas frescas</u>: Prepara una base de masa de tarta y rellénala con tus frutas favoritas de la temporada, como fresas, arándanos y kiwis. Puedes agregar un toque de jalea de fruta como glaseado y decorar con hojas de menta para darle un aspecto más festivo.

<u>Copa de mousse de chocolate con frutos rojos</u>: Prepara una suave y cremosa mousse de chocolate y combínala con una mezcla de frutos rojos frescos, como frambuesas y moras. Puedes servirla en copas individuales para darle un toque elegante a tu mesa de postres navideños.

<u>Pastel de piña colada</u>: Si quieres agregar un toque tropical a tu menú navideño, prueba esta deliciosa receta de pastel de piña colada. Combina piña en almíbar y coco rallado en una esponjosa masa de pastel y decora con crema batida y un poco de coco tostado. ¡Una sabrosa forma de transportarte a una playa paradisíaca!

<u>Tarta de café y nueces:</u> Si eres amante del café, esta tarta te encantará. Prepara una base de galleta de chocolate y nueces, y rellénala con una suave crema de café. Puedes decorarla con más nueces picadas por encima y un poco de cacao en polvo.

<u>Recuerde</u>, que estas ideas están para inspirarte. ¡Disfruta de una Navidad llena de dulzura y diversión! ◇◇ ¡Estas son solo algunas ideas! Espero que encuentres algo que te guste y que todos tus invitados disfruten de un delicioso postre de Navidad. ◇◇◇

Las compras de Navidad

<u>La batalla:</u> ¡Prepárate para entrar en la arena de batalla navideña! Salir de compras en esta época del año es como una competencia de supervivencia en la que solo los más valientes (y bien armados con listas de compras) lograrán sobrevivir. Mantén la calma, respira profundamente y recuerda: ¡es solo Navidad, no una expedición a la selva!"

<u>Simplifícalo:</u> ¿Quién necesita estresarse con una lista de compras infinita? Simplifícalo con el poder del dinero. Regala efectivo o tarjetas de regalo y escapa de la batalla campal de las tiendas. Te lo agradecerán y tú no tendrás que desatar tu fuerza interior para luchar por el último suéter de moda. ¡Gana-gana!

<u>La vecina:</u> Siempre existe la tentación de comprar para aquellos que no están en nuestra lista original, como la vecina de al lado que siempre te regala galletas navideñas. Pero antes de comprometer tu presupuesto navideño, piensa en lo que realmente necesitas comprar y si puedes permitirte un pequeño regalo adicional. Y si no puedes, solo di no y repite en voz alta: 'Feliz Navidad, vecina'.

<u>La oficina:</u> puede ser un lugar divertido durante las festividades navideñas: adornos coloridos, intercambios de regalos y la posibilidad de finalmente conocer a la persona que te envía correos electrónicos anónimos. Además... ¿Tienes un jefe difícil de complacer? No te preocupes, incluso Santa tiene altas expectativas. Solo asegúrate de no dejar galletas de jengibre quemadas en su escritorio y haz una pequeña investigación de sus hobbies para encontrar el regalo navideño perfecto. ¡Es todo sobre ganarse la gracia del jefe! Pero no olvides que aún estás en el trabajo, así que asegúrate de no pasar de la línea de lo aceptable. ¡Felices fiestas profesionales!

<u>Mundo mágico:</u> comprar en línea es como entrar a un mundo mágico donde puedes hacerlo todo sin salir de tu casa, incluso comprar los regalos de Navidad. Pero ten cuidado, porque a veces las fotos pueden ser engañosas. Ese suéter que se veía increíble en línea podría terminar pareciendo algo tejido por un ciego con una sola mano. ¡Sí, una verdadera obra de arte 'hecha a mano'! Así que mantén los ojos abiertos y no dejes que las luces brillantes y la alegría de las compras en línea te cieguen.

<u>Adicciones:</u> comprar en línea parece una idea brillante para evitar las multitudes y el caos de las tiendas. Pero ten cuidado, porque pronto te encontrarás haciendo clic compulsivamente en cada oferta y te olvidarás de cómo se siente realmente salir de casa. Existe el peligro real de convertirte en un adicto virtual a las compras, olvidando por completo la existencia del mundo exterior. ¡Bienvenido al mundo virtual de compras sin fin, donde las únicas colas que verás son las de tus paquetes de envío!

SOBREVIVIENDO LA NAVIDAD

<u>Recuerde,</u> agregar tu propio toque de humor y sarcasmo para que tus compras navideñas sean exitosas y estén llenas de risas. Y en cuanto a los presupuestos navideños, no te preocupes demasiado por ellos. Después de todo, ¿quién sigue realmente el presupuesto que establecemos durante esta época del año? Los presupuestos de Navidad son como los regalos de calcetines: tal vez no sean emocionantes al principio, pero al final siempre terminas necesitándolos. Así que relájate, disfruta la temporada y haz que tus compras navideñas sean llenas de alegría y no de estrés".

◇ ◇ 😁

Listas necesarias

Invitados: Haz una lista detallada de tus invitados y averigua todas sus preferencias alimentarias. Esto te ayudará a reducir los errores y a asegurarte de que todos se quejen de algo en la cena. ¡No hay mejor manera de celebrar la Navidad que con un buen drama culinario!

Ingredientes frescos: Asegúrate de comprar ingredientes frescos y de temporada para tus platillos favoritos. Ten en cuenta que los precios de estos ingredientes se disparan en esta temporada, así que prepárate para hacer una pequeña donación a la cuenta bancaria de Santa Claus.

Imprescindibles: No te olvides de comprar los alimentos considerados "imprescindibles" en cualquier mesa festiva, como el ave suprema de Navidad (pavo), el cerdo sagrado (jamón), La salsa mágica de frutas rojas (salsa de arándanos) y Las papas mágicas de la felicidad (patatas). Si alguien se atreve a preguntar "¿Qué pasa si no hay salsa de arándanos?", asegúrate de darle una mirada de desaprobación y contarle tres veces la historia del origen de la salsa de arándanos en la tradición navideña.

<u>Bocados de deleite:</u> Si no tienes tiempo, o simplemente no te gusta cocinar, opta por algunos aperitivos listos para servir. ¡Es mucho más fácil y te da más tiempo para discutir enérgicamente con tus seres queridos sobre quién puso la canción navideña más irritante!

<u>Verduras:</u> Agrega algunas verduras de temporada para equilibrar la comida. ¡Las zanahorias, los coles de Bruselas y las batatas pueden actuar como trofeos simbólicos de tu intento por hacer de esta cena un evento "saludable" en medio de todo el caos culinario de Navidad!

<u>Bebidas alcohólicas:</u> ¡No olvides incluir la parte más importante en tu lista de compras navideñas, las bebidas! Puedes nunca saber cuánto realmente necesitarás, así que asegúrate de comprar en abundancia. Y para evitar cualquier drama en la cena navideña, asegúrate de preguntar a tus invitados qué bebidas prefieren. Algunos pueden querer un delicioso vaso de vino tinto, mientras que otros pueden querer algo más fuerte, como una margarita de ponche de huevo. Quién sabe, quizás incluso termines creando un nuevo cóctel navideño que se convierta en el favorito de todos. Pero recuerda, siempre con moderación: no querrás que la cena termine siendo más emotiva de lo que debería ser, ¡a menos que eso forme parte de la tradición de tu familia!" ◇◇◇ ¡Diviértete y que tengas una feliz Navidad llena de brindis!

<u>Bebidas sin alcohol:</u> No te olvides de incluir en tu lista de compras las bebidas para los más pequeños. ¡El ponche de huevo con ron no es para ellos! Opta por bebidas sin alcohol, pero igual de deliciosas, como jugos de frutas tropicales, bebidas con gas natural o incluso agua con gas. Pregúntales a los niños cuáles son sus bebidas favoritas y sorpréndelos con una bebida especial

navideña. ¿A quién no le gustaría un vaso de 'Rudolph el reno refresco', con una nariz roja brillante de cereza en jarabe? Así que, por favor, no hagas que los niños entren en el carrusel de las bebidas alcohólicas. ¡Mantén la Navidad divertida y segura para los pequeños!" ◇◇◇ Es importante recordar que los niños no deben ser expuestos a bebidas alcohólicas, y esta es una oportunidad para hacer que su experiencia navideña sea segura y divertida. ¡Que tengas una dulce Navidad!

<u>Recuerde,</u> revisar tus opciones y establecer un presupuesto para que la cena de Navidad sea divertida y económica. Pero también, no olvides mantener la calma en la caótica cola del mercado. No te dejes llevar por el estrés y las largas filas. Respira profundamente y piensa en lo delicioso que será el festín que estás preparando. ¡Incluso puedes aprovechar ese tiempo para hacer amigos en la cola! Comparte tu receta secreta de galletas con el de al lado o empieza una ronda de villancicos navideños. Recuerda, la Navidad es una época para disfrutar, ¡incluso cuando estás esperando en una interminable fila del mercado!

Alergias y Sensibilidades

Alergias alimentarias: Oye, ¿ya te dio el memo de que es legalmente obligatorio que preguntes sobre alergias alimentarias antes de servir la cena de Navidad? Además de ser una obligación, también es bueno ser un anfitrión responsable y evitar enviar a tus invitados al hospital en una noche festiva. Contrólate, tú eres el jefe de la noche, así que asegúrate de preguntarles a tus invitados si tienen alergias alimentarias o algún tipo de restricción. Y si no lo haces, buena suerte en la sala de emergencias.

Sensibilidades: La gente es única y puede tener diferentes sensibilidades a cosas como alimentos y olores. Por eso, es importante preguntar sobre las alergias alimentarias y las sensibilidades a los olores navideños antes de planificar una cena de Navidad. Algunas personas pueden ser alérgicas a ciertas especias, frutas o verduras secos, mientras que otras pueden ser sensibles a productos químicos en los productos perfumados y los productos de limpieza. Al preguntar sobre estas sensibilidades, puedes acomodar las necesidades de cada uno de tus invitados y asegurarte de que todos disfruten una cena sin preocupaciones. ¡Asegúrate de hacer las preguntas adecuadas para hacer una cena de Navidad inolvidable y sin inconvenientes! ◊ ◊

<u>Recuerde,</u> tomar en cuenta las alergias alimentarias y sensibilidades es lo mejor que puedes hacer para asegurar que tus comensales pasen una cena feliz y segura. Pregúntales acerca de las restricciones alimentarias antes de servir la cena, y recuerda que tú eres el jefe de noche. (y no el jefe del hospital).

Ideas de regalos frugales

Regalos deben tener significado y no arruinarán el banco.

Para mamá: Un kit de panificación con recetario, porque estos días todos hornean pan y está riquísimo; una tabla de cortar hecha a medida, porque es una profesional en la cocina; o un filtro de café reutilizable con un mensaje divertido, porque ama su café y el planeta.

Para papá: consíguele a tu papá un álbum de fotos personalizado de todos tus recuerdos familiares favoritos y momentos juntos. Puede hacerlo en línea por un precio razonable y seguramente le hará sonreír (y tal vez incluso se le llenarán los ojos de lágrimas).

Para tu hermana: Consíguele a tu hermana una pulsera o collar personalizado con sus iniciales o piedra de nacimiento. Es un regalo reflexivo y significativo que puede usar todos los días.

Para tu hermano: Regálale a tu hermano un delantal de cocina personalizado con su nombre o una frase divertida. ¿La mejor parte? Será menos probable que derrame comida sobre su ropa durante las cenas familiares.

<u>Para su esposa:</u> consígale a su esposa una taza personalizada con una cita divertida o un chiste interno que solo ustedes dos entiendan. Es un regalo práctico que puede usar todos los días y que seguro le hará sonreír.

<u>Para el marido</u>: un abridor de botellas/llavero personalizado, porque él siempre es el alma de la fiesta; o un kit de cuidado de la barba, si tiene barba, porque él también merece unos mimos.

<u>Para tu suegro:</u> Regálale a tu suegro un kit casero para hacer cerveza para que pueda disfrutar de su bebida favorita desde la comodidad de su hogar. Es un regalo práctico y reflexivo que seguramente apreciará.

<u>Para su suegra:</u> Prepárele un paquete de cuidados casero lleno de artículos como jabones caseros, velas y una manta suave. Es un regalo reflexivo y relajante que le demostrará cuánto te importa.

<u>Para tus niños:</u> un llavero buscador de teléfono o un dispositivo de rastreo Bluetooth para su teléfono (Para que puedan dejar de llamarte y enviarte mensajes de texto cada segundo para preguntarte dónde dejaron su teléfono), un soporte para timbre de teléfono, o una funda de teléfono personalizada con su nombre o una imagen divertida.

<u>Para tu mejor amigo:</u> Consíguele a tu mejor amigo un álbum de recortes hecho por ti mismo o una caja de recuerdos llena de fotos, talones de boletos y otros recuerdos de tus aventuras juntos. Es un regalo sincero que demuestra cuánto valoras tu amistad.

<u>Para tu novio:</u> Consíguele a tu novio un talonario de cupones de bricolaje con las cosas que le encantan, como su cena favorita, una noche de cine y un masaje relajante. Es una forma divertida y reflexiva de demostrarle que te preocupas.

<u>Para tu novia:</u> hazle a tu novia un kit de noche de juegos de bricolaje con sus juegos de mesa favoritos, refrigerios caseros y mantas acogedoras. Es una forma divertida y creativa de pasar tiempo de calidad juntos sin tener que gastar mucho dinero.

<u>Para sus compañeros de trabajo</u>: Si eres de los que siempre eligen el regalo de último minuto para su compañero de oficina, teme no encontrar el regalo perfecto, pero no te preocupes, ¡no todo está perdido! Un simple paquete de post-its, una taza con un mensaje divertido o una simple tarjeta navideña concisa y personal hará que su compañero de trabajo se sienta especial, y tú te sentirás aliviado. ¡Feliz regalo premiado!

<u>Recuerde,</u> la clave para un regalo frugal es pensar fuera de lo común y ser creativo. Con un poco de esfuerzo y consideración, puedes darle a tu ser querido un regalo que demuestre cuánto te importa. ¡Haz que la cena de Navidad sea divertida, caótica y un poco extravagante! ◇ ◇ 😁

La mesa de Navidad

Comienza con una base divertida: Usa un mantel festivo o un camino de mesa para darle un toque navideño a la mesa. Agrega algunos adornos como piñas, ramas de pino y velas para darle más vida.

Carteles personalizados: Escribe el nombre de cada invitado en pequeños carteles coloridos y colócalos en su lugar en la mesa. Puedes hacerlos tú mismo con cartulina o comprar algunos en la tienda.

Menús personalizados: Crea un menú personalizado para cada invitado con sus platos favoritos. Agrega chistes o frases divertidas para hacerlo más entretenido.

Bebidas con nombres divertidos: Crea algunos cócteles o bebidas navideñas y dales nombres divertidos como "El Grinch" o "Rudolf el Reno". Agrega una pizca de creatividad y decora cada vaso con una pajita festiva y una rodaja de naranja.

Evita dramas en la mesa: Para evitar peleas por los lugares en la mesa, sitúa a las personas que se llevan bien juntas. También puedes asignar lugares aleatoriamente o utilizar un sombrero para hacer un sorteo. De esta manera, todos tendrán un lugar en la mesa y evitarás dramas innecesarios.

<u>Recuerde</u>, lo importante es disfrutar de la comida y la compañía durante la Navidad.

42

La mesa de los niños

Mantel de dibujos: Usa un mantel de dibujos para la mesa que los niños puedan colorear mientras esperan la comida.

Menú divertido: Crea un menú personalizado para los niños con platos que les gusten y con nombres divertidos como "Árbol de Navidad de pizza" o "Rudolph con nariz de zanahoria". Haz que el menú sea interactivo y que los niños puedan decorar los nombres y dibujar los platos.

Decoración divertida: Agrega algunos adornos navideños como muñecos de nieve, renos y árboles en la mesa que les gusten a los niños.

Juegos de mesa: Coloca algunos juegos de mesa divertidos y seguros para niños en la mesa para que los niños puedan jugar mientras esperan la comida.

Servilletas personalizadas: Haz que cada niño tenga su propia servilleta con su nombre o dibujo divertido en ella. Esto hará que cada uno tenga un lugar en la mesa.

Recuerde, la cena navideña es sobre disfrutar de la compañía de amistades y familiares, así que ¡asegúrate de divertirse junto a los niños!

Temas navideños

Noche de pijamas: invitamos a todos a usar pijamas cómodos y divertidos.

Intercambio de regalos de acuerdo a un tema: como intercambiar libros favoritos o regalos hechos a mano.

Decoración temática: todos pueden decorar su espacio con un tema específico, como "invierno mágico" o "fiesta de Santa".

Fiesta de sombreros feos: todos se visten con su sombrero navideño más feo y se someten a una competencia de quien tiene el sombrero más extraño.

Concurso de cocina: competencia navideña donde cada persona aporta un plato y se juzga la mejor comida preparada.

Tarde de cine navideño: ver películas clásicas de Navidad con palomitas de maíz, chocolate y mantas calientes.

Momentos Difíciles

La Navidad es una época para compartir amor y alegría, y qué mejor manera de hacerlo que ayudando a las personas que lo necesitan más. Donar dinero, alimentos, ropa y suministros a una buena causa es una excelente manera de poner tu granito de arena. También puedes ofrecer tu tiempo como voluntario en organizaciones benéficas o en refugios para personas sin hogar.

Y si no puedes donar o hacer voluntariado, incluso una sonrisa y un acto de amabilidad hacia alguien en necesidad puede marcar la diferencia. No te dejes llevar por el estrés de las fiestas y toma un momento para recordar lo afortunado que eres en la vida, y cómo tu ayuda puede hacer que alguien más tenga una temporada navideña más feliz y brillante. ¡Felices fiestas y gracias por considerar ayudar a los menos afortunados!

Ideas musicales

Canciones navideñas clásicas: Nada como un poco de Frank Sinatra, Mariah Carey o Bing Crosby para crear un ambiente festivo y tradicional en la cena navideña. Asegúrate de seleccionar canciones que sean conocidas por todos los invitados.

Música de jazz: Si quieres darle un toque elegante a tu cena, selecciona algunas canciones de jazz con un toque navideño. El jazz es una opción excelente para crear un ambiente tranquilo y relajante.

Villancicos infantiles: Si tienes niños en la cena navideña, selecciona algunos villancicos infantiles que los niños puedan cantar y disfrutar. Esto creará un ambiente divertido y familiar en la mesa.

Música tradicional de otros países: Si quieres añadir un toque internacional a tu cena de Navidad, elige algunas canciones tradicionales de otros países que celebren la Navidad. Esto puede hacer que la cena sea más interesante y educativa.

Playlist personalizada: Crea una playlist de canciones que te gusten y que crees que los invitados también disfrutarán. Asegúrate de que la playlist tenga una combinación de canciones lentas y rápidas para mantener la energía.

<u>El volumen de la música</u>: La música en una cena navideña debe ser en un volumen moderado para crear una atmósfera festiva y cómoda. Si la música es demasiado alta, puede dificultar la comunicación entre los invitados, interrumpir la conversación y arruinar el ambiente relajado que se busca. Si la música es demasiado baja, puede haber momentos incómodos de silencio y ser menos atractivo para los invitados. Por lo tanto, es recomendable ajustar el volumen de la música en un nivel moderado según los gustos de los invitados para que puedan disfrutar al máximo de la cena navideña.

<u>Recuerde</u>, la música es una manera maravillosa de crear un ambiente festivo y agradable en tu cena de Navidad.

Felicitaciones

Ha llegado al final de este libro épico sobre cómo sobrevivir la Navidad. Ahora sólo tenemos una pregunta para ti: ¿cómo te sientes?

Si tu respuesta es "agotado", "abrumado" o "listo para una siesta", entonces estás en buena compañía. La temporada navideña puede ser un torbellino de caos, estrés y emociones abrumadoras.

Con nuestras estrategias para vencer el estrés navideño, navegar la dinámica familiar y evitar el caos de las compras de último momento, podrá disfrutar de la temporada navideña con sentido del humor y calma.

Pero no temas, valiente lector: armado con nuestros consejos y trucos para sobrevivir las fiestas, estás listo para enfrentar cualquier cosa que la temporada te depare.

Entonces, brindemos por una temporada navideña llena de alegría, risas y un poco sarcástica. Ya sea que estés intercambiando regalos, cantando villancicos o simplemente tratando de sobrevivir a tus suegros, esperamos que nuestros consejos te hayan ayudado a abrazar el espíritu de la temporada y disfrutar cada momento.

<u>Y recuerde siempre</u>: el verdadero significado de la temporada navideña no tiene que ver con los regalos, la comida o las decoraciones. Se trata de pasar tiempo con los seres queridos, crear recuerdos y difundir alegría y buena voluntad.

Así que respira hondo, ponte tu feo suéter navideño y sal y crea increíbles recuerdos navideños. ¡Tu tienes esto!

SOBREVIVIENDO LA NAVIDAD

Sobreviviendo la Navidad
Autor: Nico Pinto
FIN

www.ingramcontent.com/pod-product-compliance
Lightning Source LLC
Chambersburg PA
CBHW030810170726
47995CB00011B/433